Dr. med. Ulrich Kübler

Die Nomadisierung und Digitalisierung der Welt:

Auf dem Weg in eine planetare Gesellschaft

oder

Von der Territorialität über die Globalität zur Bestialität

Eine Historiografie der Globalisierung

Bibliografische Information der Deutschen Nationalbibliothek:
Die Deutsche Nationalbibliothek verzeichnet diese Publikation in der Deutschen Nationalbibliografie; detaillierte bibliografische Daten sind im Internet über http://dnb.d-nb.de abrufbar.

Ich habe die Zukunft gesehen und ich kenne das Morgen.

Ramses I

Vergangenheit und Zukunft sind nur Erinnerungen in der Gegenwart.

Augustinus

Leben jenseits des Humanen: eine posthumane kritische Theorie

Nekropolitik und Biopolitik: Leben schaffen, Leben beenden – was künstlich geschaffen wird, wird künstlich beendet werden.

Ursprünglich waren menschliche Wesen Sammler und Jäger. Angriffs- und Fluchtwesen. Sie kämpften um ihre Existenz und tun es bis heute:
Der Mensch, ein Mangelwesen, ist der nackte Affe der Evolutionsbiologen. Täglich und immer wieder aufs Neue, seit Jahrmillionen. Von den Bäumen über die Savannen machte er sich auf. Von den ersten Stämmen, bis zum heutigen Tage, da in Zeiten der Ausgrenzung und Entzivilisierung das Fremde Angst auslöst und böse Erinnerungen.
Die Geschichte der Überfälle und Kriege ist tief im kollektiven Bewusstsein der Menschen und Völker verankert. Geschichte als Ergebnis von Klima, Erfindungen, Wanderungen, Assimilierungen, Vertreibungen, Genoziden. Kurze Wellen der Aggression und Entzivilisierung wurden und werden von langsamen Wellen der Zivilisation abgelöst.
Diese aber ist im Zeitalter der Ausgrenzung Hunderttausender oder gar Millionen und der Automatisierung von Wirtschaft und Kriegführung durchaus

brüchig. Warum sind die Kämpfe des 21. Jahrhunderts eher *Kämpfe verschiedener Zeitebenen* (G. Diez[1]), ja geradezu Angriffe der Vergangenheit auf die Gegenwart? Oder gilt, was Augustinus sagte: *Vergangenheit und Zukunft sind nur Erinnerungen der Gegenwart*?

Der Neoliberalismus ist auf besinnungslosem Stillstand aufgebaut. Er frisst die Menschen und kannibalisiert die Zukunft. Dem weichen die Nomaden aus. Sie folgen dabei einem uralten mentalen Programm: Die Zellen eines bestimmten Gehirnareals reagieren auf Bewegung im Raum und lösen dabei distinkte Momente aus. Der Raum korrespondiert dann mit dem Geist und dem Bewusstsein und lässt Veränderungen zu. Das Gegenteil von Stillstand.

Bewegung war und ist eine der evolutionären Ursachen für die Entwicklung des Gehirns. Und eine solche haben wir bitter nötig, sonst gilt, was einst einer der Großmeister des Stillstands sagte, der Pharao Ramses I: »Ich habe das Heute gesehen und kenne das Morgen.«

Mit der Emanzipation des Individuums von der Gruppe oder Familie begegnet der Mensch sich zunächst schutzlos selbst. Es kann zur Paarbildung kommen.[2] Die Mechanismen dazu sind komplex.

Die Menschen der Paarbeziehung können sich stützen und korrigieren. Dies erlaubt die Rechtfertigung des Menschen auf dem Wege von der Sexualität über die Erotik zur Liebe.

Die Liebe ging durch die Haut und kam über die Sprache, d. h. die Erkundung der Vorstellungen des anderen. Heute werden die Theorie- und die Paarbildung den Algorithmen überlassen. Die Dialektik von Annahmen und Fakten wird nicht mehr Ernst genommen. Induktion und Deduktion sind alte Hüte. Gigantische Datenwolken werden von ebensolcher Rechenpower durchforstet, um Korrelationen herauszudestillieren, frei nach dem Motto: *Zeige mir deinen Algorithmus und ich sage dir, wer du bist.*

Doch zurück in die Steinzeit: Die Sammler kannten schon den Austausch von Waren, also die Urform des Handelns. Sie definierten Werte, die ihnen wichtig waren, die sie für ein Überleben oder ein gutes Leben benötigten. Daraus entwickelte sich später über Münzen das Geld, dessen Werterhalt bis heute Probleme macht, ja sogar Kriege entfacht. Sein Überfluss ist ebenso schädlich wie sein Mangel. Zurzeit wird in Europa auf dem Höhepunkt einer beispiellosen Schuldenkrise allen Ernstes über eine Abschaffung des Bargeldes nachgedacht. Geld oder Nicht-Geld, das ist hier die Frage.

Geld ist immer mit Macht und Ohnmacht verbunden. Und das wird immer so bleiben. Wer es zerstört, zerstört nicht nur Werte oder Kaufkraft, sondern auch Vertrauen.

Zurück zu den Sammlern: Sie kannten auch den Kampf – gegen wilde Tiere, gegen andere Stämme und Gruppen. Zunächst mit den bloßen Händen, dann mit Steinen und Waffen.

Es gab Mitbewohner auf der Erde: Wölfe, Pferde, das Mammon, die urtümliche Ziege, das urtümliche Schaf. Die Jäger lernten, dass sie besonderes Jagdglück erlangen konnten, wenn Sie den Herden folgten. Diese Annäherung führte später zur Domestizierung des Pferdes. Das Pferd wurde über Jahrtausende zum Partner des Menschen.

Mit den Frauen war das anders. Diese wurden zunächst als Fruchtbarkeitsgöttinnen verehrt, ihnen wurden Altäre und Tempel gebaut. Sie testeten als Amazonen das Leben ohne Männer. Die Männer erfanden nach Jahrtausenden des partnerschaftlichen Zusammenlebens dann das Patriarchat, das parallel zur Entwicklung monotheistischer Gottesvorstellungen die Partnerschaft seit Jahrtausenden stört.

Bis heute stehen Matriarchat und Patriarchat in einem gewissen Wettstreit und wird Frauen die feminine Ur-Macht geneidet.

Die Entdeckung des Phallus

Die Phalli der Gorillas und Menschenaffen sind etwa drei Zentimeter lang. Das reicht zur Befruchtung, aber offensichtlich nicht zur Paarbildung – bei den Affen dauert diese oft nur Tage oder wenige Wochen.

Beim Menschen benötigt die Aufzucht der Nachkommen mehr Zuwendung und die Reifung des Gehirns mehr Zeit. Es wurden daher komplexe hormonelle und anatomische Veränderungen vorgenommen, die D. Morris in seinem Buch *Der nackte Affe*[3] teilweise dargestellt hat. Die Evolution der Sexualität hin zur Liebe erfolgte parallel mit der Entwicklung der Sprache, denn letzten Endes geht es bei der Paarbeziehung um die Entdeckung der Gehirne.

Vom Längerwerden des menschlichen Phallus über die Entwicklung der Brüste bis hin zur Orgasmusfähigkeit der Frau, die es bei Tieren in dieser Form nicht gibt, hat die Evolution einiges unternommen, um Menschen aneinander zu binden. Die Brüste sind evolutionäre Meisterwerke der Form und Funktion. Man könnte auch sagen: *die eleganteste Milchflasche* der Welt.[4]

Das Humane ist eine normative Konvention, instrumentalisierbar zum Zwecke der Ausgrenzung und

Diskriminierung. Zu dieser kommt es seit Jahrtausenden aus verschiedenen Gründen.

In Zeiten der hohen Bevölkerungsdichte und der arbeitsteiligen Fertigung sind es andere Mechanismen als vor 10.000 Jahren im Delta der Donau, im Zweistromland zwischen Euphrat und Tigris oder in den Steppen um das Schwarze Meer. Aktuell besitzen in Deutschland 10 Prozent der Bevölkerung 50 Prozent des sogenannten Wohlstandes oder Reichtums, in den USA besitzen 10 Prozent der Bevölkerung Zugriff auf 80 Prozent des Bruttosozialprodukts, der Rest lebt von Werkverträgen, Leiharbeit oder Minijobs.

Viele, zu viele Banken spekulieren mit dem von Draghi und Konsorten oder von Hedgefonds zur Verfügung gestellten Geldern weiterhin wie am Roulettetisch oder mithilfe von Algorithmen, die die Kapitalströme steuern. *Bankster* machen den ehrlichen Bankern und Bürgern das Leben schwer bis unmöglich.

Die Eigenkapitaldecke der Menschen und Unternehmen wird geplündert. Der kannibalistische Turbokapitalismus lenkt dabei davon ab, dass der nützliche Kapitalismus, der im Sinne des *königlichen Kaufmanns* einen gegenseitigen Nutzen stiftet, auf dem Sterbebett liegt. Sinkende Wachstumsraten bei gesättigten Märkten, wachsende Ungleichheit bei nachlassender Kaufkraft und steigende private wie öffentliche Schulden führen zur Zerstörung des Geldes durch die Finanzmärkte.[5]

Nun kommen als Folge der politischen, ökonomischen und klimatischen Verwüstung vieler Regionen, die um ihre Zukunft und Existenzsicherheit gebrachten Menschen als Armuts-Nomaden zu uns und lösen zurecht Ängste aus bei jenen, die es selbst kaum noch schaffen, und bei den Turbokapitalisten, denen es nicht um den freien Austausch von Menschen und Ideen geht, sondern nur um den von Waren.

Diese Armuts-Nomaden stören die von langer Hand geplante Entmachtung nationaler Rechtsstaatlichkeit durch das sogenannte *Freihandelsabkommen* TTIP. Mit dessen Hilfe können Konzerne jeden Gesetzgeber verklagen, wenn eine Investition, eine feindliche Übernahme oder eine Privatisierung nicht möglich ist. Dass die Folgekosten nicht der Staat, sondern die Bürger des Staates zu zahlen haben und diese sich bald fast gar nichts mehr leisten können, da sie um ihre Kaufkraft gebracht worden sind, muss sich erst noch herumsprechen. Die Gerichtshöfe, vor denen diese Fälle dann *verhandelt* werden sollen, sind ein Kapitel für sich.

Die entscheidungsanbahnenden Beraterhonorare für Staatssekretäre, Richter, Staatsanwälte und Mi-

nister laufen nicht über die Konten der Bezirks-
sparkassen oder ordentlicher Banken. Warum wohl
existieren Offshore-Oasen und warum werden diese
nicht aufgelöst? Warum, glauben Sie, zahlt in Griechenland der Eisverkäufer Steuern, nicht aber der
Reeder? Glauben Sie, der Eisverkäufer könnte den
Reeder verklagen?

Und da wagt es der derzeitige Chef der *Deutschen
Bank*, deren Aufseher von einer Manipulation des
Libors gewusst haben soll, das Ende des Bargeldes
zu verlangen oder besser gesagt anzukündigen – es
ist ja schon so gut wie beschlossen. Wenn dies zu
einem bedingungslosen Grundeinkommen, also zu
einer Partizipation am Welt-Bruttosozialprodukt für
alle Menschen ab Geburt führt, bin ich einverstan-
den. Das könnte man jedem Bürger regelmäßig als
Zahlungsmittel für die Grundbedürfnisse auf sein
Handy laden. Das sollte der Weltgesellschaft möglich und ihre Sicherheit wert sein. Es ist technisch
machbar und wesentlich preiswerter als jede Ban-
kenrettung – und es schafft Mehrwert. Bei der Ban-
kenrettung ist das Gegenteil der Fall. Das ist nur
Konkursverschleppung und die Schaffung wirt-
schaftlicher Zombies, also Untoter, die nur die
Märkte vergiften.

Im Gegenzug sollte man das Ende der Offshore-
Oasen verlangen. Warum jagt der Fiskus eigentlich

nur Steuersünder in der Schweiz, nicht in London, nicht auf den Caymaninseln, nicht auf den Bahamas, nicht auf den Bermudas, nicht in Delaware? Wer über die Abschaffung von Bargeld nachdenkt, sollte auch dazu in der Lage sein.

Gott ist weiblich

Die weibliche Göttin steht für das Mysterium der Verwandlung des Todes in neues Leben. Wandel der Formen: Raupe, Puppe, Schmetterling: Pantheon.

Die Frau war im alten Europa dem Manne nicht untertan. Die Welt der Schöpfungsmythen war nicht von weiblicher oder männlicher Polarität beherrscht, sondern von Ergänzung. Die Gesellschaftsformen, die dabei entstanden, zeigten die Frau als gleichberechtigten Partner oder sogar als jungfräulich kämpferische Göttin, als Trägerin unfassbarer Geheimnisse.

Die Gesellschaft der Ur-Europäer war egalitär. Sie zeigte keine hierarchische Strukturierung und wies eine gleiche verteilte Nutzung der Ressourcen auf. Sie differenzierte nicht zwischen reich und arm. Es bildeten sich matrifokale Strukturen heraus, die erst Jahrtausende später von matrilinearen abgelöst wurden.

Am Anfang war die Erdgöttin, dann die Sonnengöttin, aus ihnen gingen Göttersöhne hervor, aber weit und breit ist kein monotheistischer Vatergott zu sehen. Dieser tritt erst nach der Ermordung der Alpha-Tiere der Urhorde auf.

Tatsächlich scheint es so gewesen zu sein, dass der Mann jahrtausendelang um seine gesellschaftliche Gleichberechtigung und um die Emanzipation von der großen Mutter ringen musste. Auch auf anderen Kontinenten, so in Südamerika, findet sich Matrifokalität: In der Andenkultur herrschte die Sonnengöttin, deren Kinder wider die Götter der Sonne und auch die des Mondes waren.

Die Frau gab das Leben und die Fruchtbarkeit und nahm die Toten wieder in sich auf, um danach neues Leben zu spenden. In den Mythen der Urvölker starb ein König, der Sohn einer Göttin nicht, vielmehr erhielt er durch sein Opfer die Kreisläufe der Natur aufrecht. Er sorgte durch seinen Tod für die Fruchtbarkeit der Ackerbaugesellschaft. Zusammen mit der Schöpfergöttin hatte er also eine sakrale Aufgabe. Der auferstandene, auch der geopferte und dann wieder auferstehende Jesus Christus steht in dieser animistischen Tradition. Bis heute nennt die katholische Kirche Jesus auch das *Opferlamm*. Schon früher gab es Menschenopfer.

Der Geschichtsschreiber Strabon teilt mit, dass die Römer nach der Eroberung Galliens die dort üblichen Menschenopfer verboten haben. Auch in den Steinzeithöhlen sehen wir Symbole dieser Religion. Die *Donauzivilisation* kannte den Mutterschoß, dargestellt als Dreieck auf vielen Statuetten. Daneben findet sich in der Steinzeit nicht die Spur eines männlichen Gottes.

Als er dann in Ägypten und Griechenland erschien, war er entweder Sohn oder Heros-Gott der mächtigen Muttergöttin. Die große Mutter war die Kultur schöpfende Gottheit, an der sich die Männer zu orientieren hatten. Sie gab das Leben und die Fruchtbarkeit. In den Stadtstaaten der Sumerer zwischen Euphrat und Tigris, woher heute unsere Flüchtlinge stammen, entstanden nach der Sintflut Religionen in ihrem Namen und eine Kulturblüte.

Auch die älteste Kultur Europas, die *Donauzivilisation*, entstand im Namen der Muttergöttin, wie viele Funde von Göttinnen-Statuetten zeigen.

Klassische Vinca-Figur, 5000 v. Chr.

Die Religion dieser Muttergöttin wurde über eine ökumenische Tempelwirtschaft ausgeübt. Vom Tempel und seinen Priestern wurde die Aussaat organisiert. Es war also ein System der kollektiven Produktion.

In den alten Schöpfungs-Mythen Mesopotamiens wurde die Erde vom Himmel getrennt. Die Muttergöttin hielt sich entweder im Himmel oder in der Erde auf.

Im Ischtar-Mythos Babyloniens heißt es: *Ich fliehe zu dir, Frau der Frauen, Göttin der Göttinnen, Ischtar, Königin aller Städte, Führerin aller Menschen. Du bist das Licht der Welt, du bist das Licht des Himmels, mächtige Tochter Sins* ... Vergleichen Sie diesen Respekt vor der Frau einmal mit der später aufgetretenen tribalistischen Religion des Islam oder auch bestimmten Deviationen des Christentums. In diesen Religionen ist die Treue zu Gott nur gegen die Frau zu realisieren. Der Frau wird ihre schöpferische Allmacht geneidet, sie wird daher nicht geachtet und teilweise gesteinigt und zerstört.

Es heißt weiter im Ischtar-Mythos:
Erhaben ist deine Macht o Herrin, gepriesen bist du über alle Götter. Du sprichst Urteil und dein Entscheid ist gerecht. Dir sind die Gesetze der Erde, die Gesetze des Himmels untertan, die Gesetze

der Tempel und der Schreine, die Gesetze des Privathauses und wie lange, Königin des Himmels und der Erde, wie lange Schäferin der blassen Menschen, wirst du säumen?

Wie lange, oh Königin, deren Füße nicht müde sind und deren Knie in Eile?

Wie lange, Herrin der Heerscharen, Herrin der Schlachten?

Glorreiche, die alle Geister des Himmels fürchten, die du alle zornigen Götter unterwirfst. Mächtige über alle Herrscher, die du die Reihe der Könige hältst. Öffnerin des Schoßes aller Frauen, groß ist dein Licht. Leuchtendes Licht des Himmels, Licht der Welt, Erleuchter aller Orte, wo Menschen wohnen, die du sammelst, die Völker. Göttin der Männer, Gottheit der Frauen. Dein Rat übersteigt alles Begreifen. Wo du hinfliegst, entsteht der Tote zum Leben und der Kranke erhebt sich und schreitet; der Geist des Erkrankten wird geheilt, wenn er in dein Antlitz schaut. Wie lange, Herrin wird mein Feind über mich frohlocken? Befiehl, und auf deinen Befehl wird der zornige Gott zurückweichen.

Ischtar ist groß, Ischtar ist Königin! Meine Herrin sei gepriesen, meine Herrin ist Königin, Inini die mächtige Tochter Sins. Es gibt niemand, der ihr gleich ist.

Im Pantheon der Götter steht die Frau also ganz oben und wenn man diesen Ur-Mythos auf sich wirken lässt, gelangt man zu der Vermutung, dass die später auftauchenden monotheistischen Religionen, die sich auf Abraham berufen, patrilineare Schöpfungen des Patriarchates sind, also ein Versuch, sich vom Matriarchat zu emanzipieren. Die Treue zu Gott wird als Gegnerschaft zur Frau definiert.

Die *Donauzivilisation* scheint ökumenisch und friedlich gewesen zu sein. Im alten Griechenland war es wohl anders: Offensichtlich projizierten die Griechen ihre Ängste vor Frauen, als sie ihre oligarchischen Stadtstaaten gründeten, auf den kriegerischen Stamm der Amazonen, die sich laut Hippokrates um das Schwarze Meer herum finden ließen. Er schrieb:

In Europa gibt es einen Skythenstamm, welcher um den Miotischen See herumwohnt (so nannte man damals das Schwarze Meer) *und sich von den übrigen Stämmen erheblich unterscheidet. Man nennt ihn die Sauromaten. Die Frauen aus jenem Volksstamm reiten, schießen mit dem Bogen, schleudern den Wurfspeer vom Pferde herab und kämpfen, solange sie Jungfrauen sind, gegen die Feinde. Sie schlafen nicht eher mit einem Mann, bis sie drei Feinde erlegt haben und erdulden nicht eher den*

Beischlaf, als bis sie die gesetzlich vorgeschriebenen Opfer dargebracht haben.

Die Amazonen trennten Sex und Liebe. Es war ihnen verboten, Männer anders als in beliebiger Zahl zu sehen. Die Amazonen schrieben den kriegerischsten Teil der Geschichte des Matriarchates. Durch Sie wurde der Krieg, den einst die Männer erfunden hatten, weiblich. Durch die Sesshaftwerdung des Patriarchates, mit dem sie konkurrierten, wurde das nomadische Matriarchat später wieder zerstört.

In einigen Teilen der Welt hat aber das friedfertige Matriarchat überlebt. So bei den Mosui in China. Den Männern dort geht es nicht schlecht, sie führen eine Art Besuchsehe.

Geschichtsschreibung ist meistens männlich, auch dieses Buch wird von einem Mann geschrieben. Es gibt meines Wissens nach keine weibliche Geschichtsschreibung, auch kaum Historikerinnen. Das ist eine Katastrophe, denn damit wurde das matrilineare Element der Kulturgeschichte des Menschen ausgeblendet. Es hat nur in alten Mythen überlebt.

Es scheint so gewesen zu sein, dass der Mann jahrtausendelang um seine gesellschaftliche Gleichberechtigung und um die Emanzipation von der großen Mutter ringen musste. Die Frau war im alten

Europa dem Manne nicht untertan. Die Welt der Schöpfungsmythen war auch nicht von weiblicher oder männlicher Polarität beherrscht, sondern von Ergänzung. Wie später bei Plato.

Die Gesellschaftsformen, die dabei entstanden, zeigten die Frau als gleichberechtigten Partner oder sogar als jungfräuliche kämpferische Göttin und als Trägerin unfassbarer Geheimnisse.

Die Eiszeit war zu Ende und die Wassermassen des Mittelmeeres durchbrachen die bis dahin bestehende Landbrücke des Bosporus. Als Folge der Flut entstand um 6000 v. Chr. das Schwarze Meer.

Die Uralier in den nördlichen Wäldern setzten ihre traditionelle Kultur als Sammler, Fischer und Jäger fort, während die Indoeuropäer im Süden das Pferd domestizierten und die Gebiete zwischen Wolga und Don besiedelten. Etwa 8000 v. Chr. hatten sie eine Partnerschaft von Mensch und Pferd begonnen, im 7. Jahrtausend v. Chr. wurden Pferde zusammen mit Schafen und Ziegen gehalten, ab dem 5. Jahrtausend v. Chr. wurden Pferde als Zugtiere verwendet und ab dem 3. Jahrtausend v. Chr. Pferde als Reittiere für Krieger, sowohl männliche als auch weibliche.

Das Reich des Skythen wurde von einer Reiterelite regiert und unter den skythischen Elitekriegern gab es auch Frauen. Das skythische Reich dehnte sich über weite Teile der Ukraine und Russland aus. Die natürlichen Grenzen bildeten die Donau im Westen, der Don im Osten, die Schwarzmeerküste und die Halbinsel Krim im Süden. Im Norden reichte das Einflussgebiet der Skythen bis in die Gegend von Kiew. Sie besiedelten den Kaukasus und drangen bis an den Rand der Taglimatan-Wüste, einem Ausläufer der Wüste Gobi vor. Dort findet sich beispielsweise die *Schöne von Loulan*, eine wunderbar erhaltene Mumie, deren rekonstruierte Gesichtszüge eindeutig europäisch und nicht asiatisch sind. Neben dem Rad besaßen die Skythen eine hoch entwickelte Metalltechnologie und Töpferkunst.

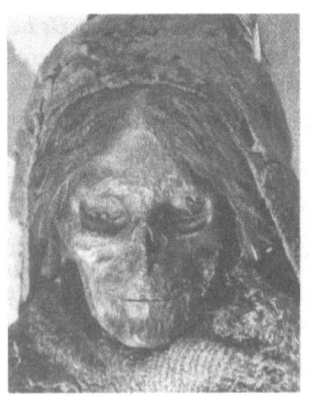

Die *Schöne von Loulan*
Oase Taglamatan, 2000 v. Chr.

Die Amazonen begannen sich gegen die phallische Dominanz zu wenden (und gegen die phallisch orientierte Versuchung, das Leben zu kontrollieren). Die historischen Voraussetzungen waren aufgrund der halbnomadischen Reitergesellschaften und der noch offenen Territorien offensichtlich besser als heute, die biologischen Voraussetzungen schwierig. Beispielsweise waren große Brüste beim Schießen mit der Armbrust hinderlich. Den Töchtern der Amazonen wurde deshalb eine Brust durch Einbinden klein gehalten. Die komplette Entfernung einer Brust ist wohl eher ein Gerücht.

In Zusammenhang mit den amazonischen Mythen sind folgende Feststellungen wichtig:
Zu dieser Zeit galt das Ei als Sitz des Lebens, Vögel, beispielsweise Enten und Gänse transportieren im Fluge die Eier und legen sie aus. Eier können gespalten werden: Sie enthalten Wasser, das als kosmische Flüssigkeit des Lebens gelten kann und Aminosäuren und Fette enthält, also die Voraussetzung für die Bildung von Sphären.
In den alten Mythen werden Frauen mit Vögeln gleichgesetzt. Im Germanischen bedeutet *Vögeln*: den Geschlechtsakt ausüben, also das Leben fortpflanzen oder empfangen. In indoeuropäischen und griechischen Stätten fand man Frauen mit Vogel-

köpfen und als Prometheus die Rache der Götter traf, weil er die ihnen die bis dahin exklusive sexuelle Lust gestohlen und den Menschen gebracht hatte, wurde er nach Sigmund Freud für seinen Triebverzicht bestraft. Dabei ist zu fragen: Wem hat er geschadet, als er versuchte, die Lust zu bezwingen.

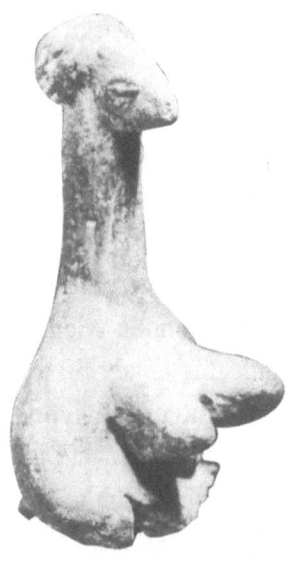

Für den Träger des Phallus bedeutet das Eindringen in ein Ovum das Ringen mit einem anderen Phallus: Er muss mit seinem Phallus um die Gunst des Vogeleis der Urmutter ringen, muss also einen anderen Phallus bezwingen. Bis heute benehmen sich einige Männer ja so.

Im Mythos bestrafen ihn die Götter, tatsächlich kann man das auch anders sehen: der Mythos zeigt die Macht der Urmutter in Form des Vogels, der das Ei transportiert: Prometheus wird an den Kaukasus, immerhin die Heimat der Amazonen geschmiedet, wo er bewegungslos auf das Kommen und Gehen der Lust wartend ausharren muss, sodass ihm die große Vogelgöttin des Lebens in die Leber picken kann. Der große Sigmund Freud hat den Mythos also verbogen, damit er zu seiner Theorie passte.

Tatsächlich kann dieser Mythos bedeuten, dass die große Göttin des Lebens matrifokal über Tod und Leben und Erneuerung entscheidet. Sie sucht sich den Phallus aus, sie entscheidet wann sie Leben spendet, sie entscheidet wann sie Lust empfängt und wann sie die Lust zerstört.

Das passte Herrn Freud natürlich nicht. Er sah in diesem Mythos eine Andeutung auf den Verzicht, phallische Triebe homosexuell zu befriedigen. Ziemlich pervers oder durch seine eigene Vita verständlich. Wegen der Kombination der Sage des Prometheus mit der Vogelgöttin und dem kosmischen Ur-Ei greift er da meines Erachtens daneben oder zu kurz. Die Griechen waren da weiser. Sie kannten das kosmische Ei und die Sphären. Sie wussten, dass das Ei von Vögeln transportiert wird und das Leben aus ihm entsteht sowie das Leben von der Frau auch über ein zelluläres Ovum transportiert, empfangen und weitergegeben wird. Die Griechen hatten auch Figurine mit phallischen Hälsen und fehlenden Köpfen sowie Brüste mit verschränkten Armen (kreuzähnlich!). In der Hüfte das manische Ypsilon als phallische Pforte und Austrittsort des Ovums symbolisieren diese Statuetten androgyne Göttinnen: die phallische Frau.

Göttin mit phallusförmigem Kopf, 6200 v. Chr.

Die Kriegerin, die sich matrilinear in Abgrenzung zur Patrilinearität das Leben selbst holt, das Leben verwaltet und, wenn es sich denn in Himmel und Höhle spaltet, notfalls den Krieg auslöst und das Verderben. Die phallisch androgyne Göttin des Lebens als Spenderin des Lebens, als Sachverwalterin der zerstörerischen Kräfte der Natur, aber auch der Wiedergeburt im Sinne der Erneuerung. Dazwischen lagen das Feuer und die Leber als Symbol des Kommens und Gehens der Lust.

Prometheus wurde also gefesselt von matrifokaler Lust:
Die Eiszeit war nun zu Ende, das Reich der Skythen wurde von männlichen und weiblichen Reitereliten regiert, im 5. Jahrtausend v. Chr. hatte sich das skythische Reich über weite Teile der Ukraine ausgedehnt.
Die Griechen kamen bei ihrer Siedlungstätigkeit rund um das Schwarze Meer in Kontakt mit jenen Nomadenvölkern, in denen Frauen eine wichtige Rolle spielten, im Notfall auch den Kampf nicht scheuten.
Die Amazonen lehnten die griechische Lebensart ab. Es gab allerdings Mischehen. Der Geograf Strabon nahm sich der Amazonensagen an: Er erzählt von Amazonen, die am Nordhang des Kauka-

sus lebten und vor allem Pferdezucht betrieben, sich des Bogens, der Streitaxt und des Schildes bedienten und deren Helme und Mäntel aus Tierfellen bestanden. Im Frühjahr kam es jeweils zu einer Zusammenkunft mit einem benachbarten Stamm, um die Nachkommenschaft zu sichern. Die Amazonen behielten die Mädchen, die Knaben wurden zu den Vätern geschickt.

Arabische Geografen des Mittelalters berichteten im 10. Jahrhundert n Chr. von einer Stadt der Frauen irgendwo im Nordosten Folgendes:

Westlich der Russen liegt die Stadt der Frauen. Diese besitzen Äcker und Sklaven. Von ihren Sklaven werden sie schwanger und wenn eine von ihnen einen Knaben gebärt, tötet sie ihn. Sie reiten zu Pferd, führen Krieg und sind voll von Mut und Tapferkeit.

Viele Autoren weisen auf Städtegründungen durch Amazonen hin. Es handelt sich interessanterweise durchwegs um Küstenstädte. Die Damen scheinen also auch die Seefahrt beherrscht oder beispielsweise mit den Phöniziern Kontakt gehalten zu haben.

Auf jeden Fall siedeln die Frauen in dieser Geschichte östlich des Schwarzen Meeres in der Gegend des Flusses Thermodon. Auch Strabon hält dieses Gebiet für das Ursprungsland der Amazonen, die im Kaukasusgebiet lebten. Die Göttin Marwar war die seit Urzeiten verehrte Muttergöttin der kleinasiatischen Urbevölkerung.

Tatsächlich scheint es so gewesen zu sein, dass der Mann jahrtausendelang um seine gesellschaftliche Gleichberechtigung und um die Emanzipation von der großen Mutter ringen musste. Er lernte dabei zunächst als ihr Unterworfener die Planung und Organisation der Gesellschaft. Das befähigte ihn später Staaten zu gründen.

In alter Zeit wurde das Universum also weiblich gedacht, überspitzt kann man sagen: *Gott war weiblich.* Das Universum war schöpferisch, brachte das Leben, das Wissen und die Weisheit hervor und damit war die Muttergöttin ebenso wie das Universum heilig. Wissen und Weisheit waren weiblich. Nicht umsonst ist die Philosophie im Griechischen weiblich: *Philosophia.* Weisheit galt als Eigenschaft der großen Göttinnen. Die Urgöttin war die Mutter der Göttinnen.

Die ägyptische Himmelsgöttin Mart verkörperte die Wahrheit und die Gerechtigkeit. Die Sonnenkönige der Ägypter wurden wie das Gestirn täglich durch ihren Leib im himmlischen Universum wiedergeboren, auch nahmen sie die Toten wieder auf, um ihnen neues Leben einzuhauchen, denn die Pharaonen starben nicht. Daher ist die Annahme, das Altertum und die Antike seien patriarchal organisiert gewesen, möglicherweise eine Geschichtsfälschung.

Diese hängt wohl mit der christlichen Überlieferung zusammen. Der Prophet Jesaja sagt: »Ich bin Gott, nicht ein Mann.« Und in der Bibel steht: *Gott schuf den Menschen nach seinem Bilde, nach dem Bilde Gottes schuf er ihn. Männlich und weiblich schuf er sie* (Genesis 1,27). Territorialität und Sexualität sowie Nationalität haben also Zusammenhänge.

Bemerkenswert ist in der letzten Zeit das vermehrte Auftreten weiblicher Kämpferinnen in Afrika. Frauen im ruandisch-kongolesischen Grenzgebiet ziehen in den Kampf.

Es gab also in der Geschichte, nicht nur in der Urgeschichte, bemerkenswerte Versuche, auf das Patriarchat zu verzichten – mithilfe der Herrschaft der Mütter. Von den Affen der Urhorde über die Ausrottung von Konkurrenten (Vatermord, Kastration) spannen sich von der Urgeschichte bis zum Beginn der Geschichtsschreibung die Bögen. Es bleibt doch das Paar als erotische Rechtfertigung des Menschen.

Sexuell und existenziell waren die Amazonen auf jeden Fall in einer glücklicheren Lage als unsere heutigen emanzipierten Frauen. Irgendwie hat das alles mit der Herrschaft der Gedanken zu tun: Logos, Sprache, von Liebe, Sexualität und Sinnlichkeit, die Symbolik der Systeme, Lust ohne patriarchalischen Frust, die Loslösung des Weiblichen vom Männlichen

Ursprünglich war die Idee der Liebe vom Akt des Liebens getrennt, auch die Fortpflanzung. Durch die Einführung der Schlange im alttestamentarischen Christen und Judentum wird diese Trennung zurückgedrängt und durch den strafenden oder liebenden Gott ersetzt.

Offensichtlich reguliert immer wieder die Erotik in den Erlebnisebenen, indem sie ein selbsttätiger, mit sich selbst rückgekoppelter Prozess ist, der sich selbst verstärkt. Insofern darf man sagen: der Eros ist der Motor der Evolution und der Paarbildung, Sender und Empfänger wertvoller Signale. Letzten Endes die Basis der Individualität. Liebe des Paares ist das antropologische radikal und ultimativ zu schützende. Jenseits von Territorialität, Nationalität und Bestialität. Sie ist die Sehnsucht nach der fortwährenden Ergänzung durch die begehrte Seele. Eros ist dabei der Motor der Sehnsucht nach der Begegnung mit einer schönen Seele.

In der Welt des alten Europas vor 9000 Jahren trafen die einwandernden neuen Stämme auf die *Donauzivilisation*. In ihr war die Gesellschaft egalitär organisiert. Die ökonomische und politische Autorität lag weitgehend bei den Frauen. Die Hierarchisierung spielte keine so große Rolle. Erst im Verlauf des 4. Jahrtausends v. Chr. verlagerte sich der Schwerpunkt der Kontrolle über Produktionsmittel, Waren und Handel auf die Seite der Männer.

In diesem Prozess, der ganz offensichtlich mit der Überformung der alteuropäischen Gesellschaft durch die Sozialstrukturen der einwandernden Indo-Europäer in Zusammenhang steht, wurde der Einflussbereich der Frauen immer mehr auf das häusliche Milieu eingeschränkt.

Das Modell der Staatsbildung setzte sich schließlich gegenüber der Ökumene durch. Dies war nur über den Zwischenschritt der Entstehung einer Elite mit politischem Führungsanspruch möglich und dieses Gesellschaftsmodell wurde nach Südosteuropa importiert: von den Steppennomaden

Das Amazonentum und die Amazonen waren also der Versuch, der Herstellung einer Matrilinearität bis in die Staatsbildung und Gesellschaftsformierung hinein, der Versuch Liebe und Fortpflanzung von der Sexualität zu trennen oder die Inkaufnahme dessen.

Die Amazonen entstanden aus einer Gruppe zurückgelassener Nomadinnen die, von ihren Männern verlassen, in feindliche Hände gerieten, also geraubt und vergewaltigt wurden. Eine andere Gruppe konnte sich durch Flucht und geschicktes Verhalten davor retten, ein nicht von Männern kontrolliertes Territorium gründen und auch die Verteidigung selbst übernehmen.

An der Wiege dieser Existenzform steht also ein Konflikt: der Verlust der Männer und die drohende Inbesitznahme der Frauen stellte vor die Wahl zwischen Leben und Tod. In diesem prekären Gründungsmoment waren das Leben beziehungsweise Überleben und das Frausein unvereinbar. Die Aggression der Nachbarn zielte auf ihr Leben und bediente sich der erzwungenen Sexualität, also der Vergewaltigung als Mittel zum Zweck.

Die Skythinnen reagierten auf die drohende Gewalt, indem sie sich selbst Gewalt antaten. Dazu gehörte die Leugnung der eigenen Sexualität genauso wie das Verbot zu lieben. Für die Freiheit, die sie sich nahmen, gaben sie einen Teil ihrer selbst ab. Auf der einen Seite blieben sie Frau, auf der anderen Seite wurden sie zum Mann, dessen Eigenschaft sie sich rituell aneigneten. Erst das Fehlen des einen Geschlechtsmerkmales, einer erotischen Attraktivität, einer Verbindung zwischen Weiblichkeit und Mutterschaft, ermöglichte den Zugewinn von Männlichkeit als körperliche Überlegenheit, Herrschafts- und Eroberungswillen.

Die Geschichte wird zeigen, ob etwas Drittes vorstellbar ist zwischen Liebe und Gewalt.

Die Fähigkeit der Frau schwanger zu werden und Leben hervorzubringen ist die Ursache der ambivalenten Gefühle, die mit ihrem Körper verbunden werden, ist die Ursache von Bewunderung und Verehrung, von Neid und Furcht.

Im Buddhismus beispielsweise versucht der Mann androgyn zu werden, Erleuchtung zu erlangen und die Wiedergeburt als Frau zu vermeiden.

Der Gott des Islam ist allmächtig und nicht barmherzig. Seine Gewalt gegen das Weibliche verrät die Unfähigkeit des Gläubigen, Eigentümer seines Körpers zu sein. Der Islam akzeptiert nicht die feministische Urmacht des Alls. Gott ist hier nicht weiblich, der Phallus nicht der Gast der Vagina, in der sich das Spiel der Elemente ereignet. Im Islam verfügt der Mensch über keine Subjektivität (siehe auch *Orgasmus und Gewalt* in *Minima islamica* von Rachid Boutayeb).

Der Vater-/Mutterbegriff verwirrt bis heute die Gesellschaft.

Ursprünglich waren Frauen Anfang und Ende der Familie, die Göttinnen des Lebens, die neben dem toten Gott herrschten.

Die Amazonen wollten eine unbeschwerte selbstbestimmte Zukunft und überlebten eine lange Zeit dank des Nimbus der Unbesiegbarkeit. Die griechischen Geschichtsschreiber Herodot und Homer suchten nach einer Erklärung für das ihnen von Handelsreisen übermittelte Phänomen der Amazonen, eines von Frauen regierten Staatswesens, wo die Frau nicht zur Bedeutungslosigkeit verdammt war, wie in Griechenland, wo eine intelligente Frau es maximal bis zur Hetere eines mächtigen Mannes bringen konnte.

Es ist, wie gesagt, anzunehmen, dass sich, nachdem sich die Männer in der Steppe jahrhundertelang zu Tode erobert hatten (von der Territorialität über die Nationalität zur Bestialität, wie später Franz Grillparzer den Gang der Geschichte beschrieb), blieb eine von Raub, Vergewaltigung und Tod bedrohte skythische Frauengruppe zurück, die sich auf sich selbst besann und mit Pferden kooperierte, um sich mit Pfeil und Bogen zu verteidigen und sich auf die Werte von Freiheit, Gleichheit und Schwesterlichkeit zu besinnen.

Die Amazonen waren Halbgöttinnen, die auf Erden lebten, in praxi war ihnen versagt Männer anders als in beliebiger Mehrzahl zu sehen. Sie durften sich nur zum Zwecke der Fortpflanzung und des vorübergehenden Vergnügens (heute würde man sagen: One-Night-Stand) verbinden, aber auch nur dann, wenn sie vorher erfolgreich drei dieser Exemplare getötet hatten.

Für die Griechen waren die Amazonen schöne und grausame Frauen mit von Männern separierter Lebensweise.
Was bedeutet der Name?
Mazos bedeutet *Brust*. Die Vorsilbe A ist ambivalent wie das Frauenbild: einerseits bedeutet A Größe, andererseits Abwesenheit oder Verlust oder Entsagung. Nomen est omen.

Es fehlten hier also die Zwillinge, die unter Rosen weiden. Amazonen besaßen nur eine (große) Brust zum Lieben und zum Stillen, die andere war in der Kindheit entweder unterdrückt oder vielleicht doch rituell ausgebrannt worden, um die erwachsene Frau nicht beim Kämpfen zu behindern. Sie können sich zwar verlieben, aber der Liebe sich nicht dauerhaft hingeben.
Verführung bedeutet nicht jemanden zu besitzen. Der Verführung sind Besitzansprüche der Liebe fremd. Verführung ist zeremoniell, Liebe ist pathetisch, Sexualität ist relational.
Die Regelung der Nachwuchsfrage bei den Amazonen erinnert an die heutigen Techniken der Ei- und Samenspende: Trennung von Liebe und Sexualität.

Sie übernahmen die aktive Rolle beim Zeugungsakt und nahmen sich die Männer, die ihnen über den Weg liefen, nur verlieben durften sie sich nicht. Sie trennten Liebe und Sexualität so strikt, wie das gewöhnlich nur Männer tun.

Die Phönizier hatten diese Probleme nicht. Sie waren geniale Seehändler, eine Handelsmacht zur See wie später die Engländer, aber ohne deren perfide Piraterie. Sie hatten ein Netz von Häfen, wo sich alle trafen. Sie wichen der Verführung der Territorialität aus, die über Besitzansprüche nur zu Kriegen führt, deren Zweck es ist, stationäre Verbrecher zu schaffen, und das geht nur mit Waffen. Früher waren das Heere, heute sind es aus Kostengründen Drohnen, denn Krieg muss sich lohnen und kostengünstig sein.

Die Etrusker versuchten es später mit der Schönheit und dem Matriarchat. Das besänftigte das patrilineare Element, aber nicht für immer.

Rom drängte die feminine Allmacht zurück und ließ die Patriarchen des ursprünglichen Stadtstaates Rom, Romulus und Remus, von einer Wölfin säugen, wir haben hier also die Geburt einer männlichen Jungfrau oder die Geburt männlicher Jungfrauenkrieger. Auf eine menschliche oder göttliche Mutter wollten sich die patrilinear denkenden und handelnden Römer offenbar nicht berufen. Deswegen verlagerten sie das feminine Phänomen der Geburt sozusagen auf die Wölfin.

Im Christentum war es dann später eine Jungfrau. Im Grunde waren die Römer patrilineare Atheisten und wohl deshalb auch waren ihre Kriege so grausam, expansiv und rücksichtslos: Von der Territorialität zur Bestialität. Man denke nur an ihre Gladiatoren-Wettkämpfe: einer Republik unwürdig. Eher ein Vorgeschmack auf die totalitären und faschistischen Regime des 20. Jahrhunderts. Wie sagte Hannah Arendt: *Der Totalitarismus ist die Negierung der Humanität des anderen.* Diese Frauenfeindlichkeit legt die Nachfolge-Organisation des römischen Imperiums, die katholische Kirche ja bis heute an den Tag. Das kommt offensichtlich davon, wenn man keine schönen Nächte hat.

Zurück zu den Römern und ihren imperialen Problemen, die später im Nahen und Mittleren Osten die Briten erbten, als sie glaubten, das Osmanische Reich problemlos übernehmen zu können. Unter der Patronage meist weiblicher Könige kombinierten die Briten die Piraterie mit dem Seehandel und nannten das später *private public partnership*.
Heutzutage, nach Auflösung des Britischen Empires und kurz vor der Abwicklung Amerikas wegen

völliger Überdehnung und Überschuldung, kommen als monetäre Aasgeier anstelle der Piraten die Heuschrecken hinzu, die mit dem Geld aus Pensionsfonds und Offshore-Oasen unter den Dax-Konzernen Europas aufkaufen was man braucht, um reich zu bleiben ohne zu arbeiten. Eine Armada darauf spezialisierter Anwälte zahlt den Politikern Beraterhonorare, die durch Privatisierungen und Aufkäufe, welche sie kartellwidrig zulassen, privaten Reichtum und öffentliche Armut schaffen.

Relativ neu auf der Bühne sind die Söhne des Himmels, die Chinesen. Nach einer atemberaubenden Aufholjagd haben Sie nunmehr die größte Armut und die schlimmsten technologischen Rückstände überwunden – aber um welchen Preis für die Umwelt und die Bürger! Es droht der Kollaps der Natur. Sie vergiften Boden, Wasser und Luft und verändern das Klima. Wenn es ihnen nicht gelingt, die Harmonie des Himmels wiederherzustellen, sterben viele von ihnen krank und arm anstatt reich und gesund. Von der Harmonie des Himmels sind sie weiter denn je entfernt, aber auf die Kannibalisierung des Kapitalismus und die Ausbeutung des Menschen verstehen sie sich.

Bei den Amerikanern wurde nach dem 2. Weltkrieg, als sie den Engländern die Bürde des weißen Mannes glaubten abnehmen zu müssen, aus den

Piraten der *ökonomic hit man*. Er zog den Vasallen das Geld aus der Tasche. Zusammen mit dem Konzept *ewiger Krieg für ewigen Frieden*. Dabei hatte bei der Erfindung Amerikas alles so gut begonnen: Freiheit, Menschenrechte für alle (außer für Schwarze und Indianer), preiswerte Technologien für alle. All die schönen Flugzeuge, Raketen und Automobile, später die Halbleiter und die Digitalisierung.

Leben jenseits des Humanen

Die Dekonstruktion der Zelle, der Frau und damit des Menschen: posthumane Zombies, von Botox über *Genomic Editing* bis hin zu Designer-Babys. Es zeigt sich die inhumane Fratze der Globalisierung.

Wenn der Klimawandel nicht entsprechend soziologisch, technologisch und ökonomisch kompensiert wird, kommt es zu einer zivilisationsfeindlichen Situation. Europa muss also Entscheidungen treffen, sonst bleiben von Europa nur posthumane und ökonomische Zombies.

Der Kapitalismus muss also neu erfunden werden. Es geht nicht, alle Arten unter dem Dach des Marktes zu vereinen. Es entsteht sonst Leben jenseits des Menschen. Wir benötigen also eine posthumane kritische Theorie[6] und müssen uns der Folgen der Inbesitznahme und Dekonstruktion der Zelle bewusst werden oder besser die Finger davon lassen. Sonst treffen am Ende Maschinen und künstliche Intelligenzen die Entscheidungen über Leben und Tod.

Somit sitzen wir in einer Technologie-Falle.

Die Vermarktung des Lebens durch den modernen biotechnologischen Kapitalismus ist eine ernste Angelegenheit: Es drohen der Tod des Menschen, die Dekonstruktion der Zelle und der Frau. Die Verführung ist dann nur noch zeremoniell, die Liebe nur noch pathetisch, die Sexualität nur noch relational.[7] Designer- und Wunsch-Babys sind aktuell für 140.000 Dollar im Angebot, Kinder mit drei Müttern kein Problem. Das Verändern von Zellen humanen, pflanzlichen oder tierischen Ursprungs mithilfe der *CrisperCas-Technik* gilt den Wissenschaftsgesellschaften im Rausche der genetischen Allmacht nicht als mutagen. Was künstlich geschaffen wird, wird künstlich beendet werden – die Zukunft wird manipuliert.

Wir alle sind Geiseln. Wir alle sind Terroristen, schrieb Jean Baudrillard in *Die fatalen Strategien*: *Die Konstellation von Sklave und Proletarier ist am Ende. Heute gibt es die Konstellation der Geisel und des Terroristen. Wenn der Sex beim Sex bleibt, wenn das Soziale beim Sozialen bleibt und nirgendwo anders, dann gibt es keine Obszönität. Aber heute breitet sich das Soziale, wie auch die Sexualität, nach überall hin aus. Viele Dinge sind deshalb obszön, weil sie zu viel Bedeutung haben und zu viel Raum einnehmen. Das Gesetz hat seinen Platz dem Spiel und der Spielregel geräumt.*

Heute wird sogar die Theoriebildung Algorithmen überlassen. Die Dialektik von Annahmen und experimentellen Fakten wird ausgeblendet oder vermieden. Induktion und Deduktion sind alte Hüte. Gigantische Datenwolken werden durchforstet, um Korrelationen herzustellen. Maschinelle Faschismen entstehen

Das Brausen hinter der städtischen Fassade wird lauter: Totalitarismus ist die Negierung der Humanität des anderen … Die Nomadisierung Europas und der Welt ruft Widersprüche hervor … Nationalisten, Xenophobie, Rassismen … Der Tod des Menschen und die Dekonstruktion der Frau …

Sie wollen das Betriebssystem der Zelle und des Menschen erobern, in es eindringen und es besitzen. Erst wird es gelesen, dann umgeschrieben, dann neu geschrieben. Auf jeden Fall wird es manipuliert und verändert. Nach der neolithischen Revolution kommt nun die digitale: Die enorme Kapazität der rechnenden Halbleiter hat in Kombination mit ebenso enormen Speicherkapazitäten Revolutionäres vollbracht. Gleichungen, für deren Lösung Einstein ein Team von Mathematikern unterhielt und wofür diese Spezialisten Wochen benötigten, werden in Minuten gelöst, die Bahndaten von Raketen verfolgt, das Wetter simuliert. Impulse aus Magnet-Resonanz-Tomografen werden in Sekunden zu Bildern des Inneren des menschlichen Köpers zusammengesetzt. Spracherkennungs-

Systeme setzen die Algorithmen des gesprochenen Wortes in Schriftzeichen um und können diese übersetzten. Roboter kommunizieren mit dem Menschen, lernen von ihm und ersetzen ihn dann.

Die Digitalisierung der Daten und Algorithmen ermöglicht jedoch nicht nur eine beschleunigte Wertschöpfung und im Bereich des Finanzwesens die scheinbare Beherrschung von Derivaten, sondern auch die Ausgrenzung solcher Menschen, die nicht über diese Daten und Technologien verfügen. Diesen soll bald auch noch das Bargeld genommen werden, um sie bei Wohlverhalten mit digitalen Almosen abzuspeisen. Vielleicht wird deshalb an einer Art von Bevölkerungsaustausch gearbeitet.

Es entstehen neben neuem Reichtum also auch neue Not und neue Armut. Und in diesen Zeiten denkt der deutsche Finanzminister, beglückt von Negativzinsen, die im bei der Beherrschung des Staatsdefizites helfen, zur angeblichen Sicherheit (wessen, bitte?) auch schon einmal über die Abschaffung oder Begrenzung des Bargeldes nach. Er bringt somit eine Art von Falschgeld in Umlauf, wundert sich dann aber scheinheilig über die Zunahme der Schwarzarbeit. Wenn es ihm an steuerlichen Einnahmen fehlt, sollte er sich doch einmal für die in Offshore-Oasen geparkten gigantischen Summen interessieren. Die würden ihn wieder liquide machen. Bei der Suche würde ihm die NSA sicher gerne helfen.

Der Algorithmus oder die Software gegen Not, Ausgrenzung und Armut wurde noch nicht erfunden, auch noch keiner gegen den Klimawandel.

Während früher Opfertiere die erste Maßeinheit für Vermögen waren und dann später die ersten Münzen in Form von Edelmetallen erfunden wurden, sprechen wir heute von der Abschaffung des Geldes.

Das Geld verliert seine Rolle als Tauschmittel und Geldspeicher. Dagobert Duck soll mit Selbstmord gedroht haben. Aber die Herren von Blackrock hatten nur ein müdes Lächeln für den alten Herrn aus Entenhausen übrig und empfehlen aktuell Nachhaltigkeit, ernsthaft …

Geld konnte man zu Onkel Dagoberts Zeiten tragen, horten, umlaufen lassen, es war fairer und universell. Bits und Bytes müssen das erst noch beweisen. Vielleicht werden sie ebenso überwertet wie die Gene. Vielleicht ist all das nur eine neue Maßeinheit für den Wahnsinn einiger Börsianer, oder ist der kürzlich mit angeblich 530 Milliarden Dollar ermittelte Wert von *Google* nur ein Rechenfehler? Kaum. Es sieht vielmehr so aus, als schüfen sich das *Silicon Valley* und die *Wall Street* soeben in einer scheinheiligen und unkontrollierten Allianz ihr eigenes Geld.

Vielleicht ist es Falschgeld, aber derzeit revolutioniert und verändert es die reale Welt in atemberaubendem Tempo. Die Grenzen zwischen digitaler und realer Wirtschaft verschwinden ebenso, wie zwischen der digitalen und realen Welt. Virtualität und Realität verschmelzen miteinander. Die Leistungsfähigkeit der Algorithmen für künstliche Intelligenz wird uns dann die letzten Reste der Privatheit genommen haben, wenn das Denken und Fühlen sichtbar geworden ist.

Zusammen mit der Hybridisierung von Zellen entstehen posthumane Verhältnisse, die für den Einzelnen und die Steinzeit-Demokratien nicht mehr beherrschbar sind. Diese Systeme benötigen die Vorstellung einer Seele oder eines Selbst nicht mehr, sie sind die Auslöschung dieser.

Wir geben in immer mehr Bereichen, ohne Transparenz und ohne ausreichendes Bewusstsein für die möglicherweise irreversiblen Folgen, Autonomie an Maschinen ab: auf den Finanzmärkten, im militärischen Bereich, bei der Überwachung realer und virtueller Räume … Gleichzeitig nimmt die Hilflosigkeit, Ausgrenzung und Rechtlosigkeit des Einzelnen, ganzer Gruppen und Staaten zu. Die Systeme werden immer schlauer und immer unverzichtbarer. Sie könnten zu der Überzeugung gelangen, dass der Mensch oder bestimmte Menschen Störfaktoren sind. Unserer Eliminierung mit von künstlicher Intelligenz gesteuerten Drohnen steht dann nichts entgegen.

Schon heute lässt der Oberkommandierende der USA Drohnen ins Ziel führende RFID-Chips in Afghanistan oder Pakistan an die Hütten jener Menschen kleben, die eine Gefahr für die Zivilisation des Westens darstellen sollen. Er, der Präsident der USA, der jeden Tötungsbefehl dieser Art angeblich persönlich unterzeichnet und auf diese Weise schon wenigstens 3000 Menschen ermorden ließ, erinnert sich offensichtlich nicht an den amerikanischen Bürger William Blake, der einst sagte: »Alles Lebendige ist heilig.« Im Gegenteil, er ist der Ansicht, dass *er gut im Töten sei*. Ja da steht er ganz in der Tradition der Mächtigen, die es für ein Attribut der Macht halten Leben geben und nehmen zu dürfen. Darin unterscheidet er sich nicht von den mordenden und vergewaltigenden Diktatoren aus der alten Welt, nicht von den anderen Erfindern des Totalitären: Hitler, Mussolini, Stalin, Mao. Sie alle betrieben Nekro- und Biopolitik.

Nehmen Sie im Folgenden an einem Grundsatzinterview mit dem Präsidenten der USA im weißen Haus teil:

Aus dem Nichts kamen zwei magisch-exotische Laute – Barack Obama – und umwarben die Welt. Wie Zaubersprüche, vibrierend vor Erwartung auf Hoffnung und auf Wandel; auf endende Kriege und veränderte Welt; auf Frieden und Wohlwollen gegenüber der Menschheit und Erlösung von der Hölle. In den USA griffen die Machtlosen und Verarmten nach einem Mann, von dem sie glaubten, er ändere ihr Los. Sie kamen in Scharen, millionenfach, um ihr Geld zu geben, stimmten vielfach ab, bis er ihre Krone trug. 80.000 Unterstützer in Chicago erklärten ihn zu *dem* Mann, während es Konfetti regnete und Feuerwerk knallte. Er nahm ihr Votum an, von einem riesigen Hollywoodtempel aus, dessen theatralische Säulen das Weiße Haus andeuteten.

600 Millionen Dollar schluckte seine Kampagne, samt üppiger Spenden von Wall Street; Massenmedien und Graswurzelaktivisten sicherten seine Wahl, die zum bahnbrechenden Wunder erklärt wurde.

Nach Tributen, dem künftigen Präsidenten am *Lincoln Memorial* gezollt, sagte eine Filmschauspielerin, die nahe an Obamas Podium stand: »Es war, als schaute man in die Sonne! Man konnte nicht zu lange hinschauen!« Laura Linney schwärmte: »Es war einfach überwältigend.« Abgebrühte Kolumnisten und Fernsehexperten plusterten sich auf: »Wo sonst als in den Vereinigten Staaten?« Und Erwachsene weinten offen auf den Straßen: »Was für ein großer Tag!« Sie waren überwältigt von ihrem Kandidaten, dem künftigen Präsidenten.

Der Historiker Simon Schama tauschte Sachlichkeit gegen Verzückung und sah den Präsidenten Stimmen aus der Vergangenheit weiterleiten, den Kopf leicht zur Seite, als lausche er den Einflüsterungen der Geschichte: »Ich höre dich, Abe, ich höre dich, Martin; die Botschaft kommt laut und endlich an.«

Für Arundhati Roy jedoch ist es das Traurigste, dass wir beim Anblick von Obama Rührung empfanden, als wir sahen, wie glücklich die Leute waren. Aber was geschah war, dass Barack Obama nach seiner Amtsübernahme die Kriege der USA ausgeweitet hat. Es war, als ob all die Tränen der Schwarzen, die ihn zur Macht gelangen sahen, jetzt übertragen worden wären auf die Augen der Weltelite, die vor Lachen weint, wenn er die Kriege entschuldigt.

Das Weiße Haus aber begrüßte seinen neuen Amtsinhaber mit fiebernder Erregung, während es von Spezialagenten des Geheimdienstes wimmelte. Jeder bepackt mit hochmodernen Waffen, um jegliches Eindringen ins Allerheiligste der Vereinigten

Staaten abzuwimmeln. Jedes Gebäude nahe dem Weißen Haus war gespickt mit verborgenen *Stinger Boden-Luft-Raketen* zur Errichtung einer Flugverbotszone, wie vom Pentagon befohlen, im Verein mit lückenloser Überwachung ...

An einem Juli-Tag jedoch, im *East Room* des Weißen Hauses, während eines Grundsatzinterviews mit dem neuen Präsidenten – anberaumt, um seinen akuten Rang in den Medien einschätzen zu können – ignorierte eine muntere, abtrünnige Fliege all diese Maßnahmen. Im Steig- und Sinkflug vollzog sie sirrende Kapriolen, als trotze sie der Erdanziehung. Mit ihren Facettenaugen steuerte sie geschickt durch Knäuel großer Gestalten und grelle Beleuchtung – glitzernder Harlekin in komplizierter Verkleinerung, anarchischer Don Juan der natürlichen Welt. In Pirouetten und rasenden Tänzen in der Luft suchte sie nach Süßem als Treibstoff für ihre Serenaden.

»Hey,! Raus mit dir«, platzt der 44. Präsident der Vereinigten Staaten gereizt heraus, mitten im Satz: »Die kennzeichnende Handschrift unserer Regier...« Er muss seinen komplexen Satz unterbrechen, von der Handschrift dieser summenden Sommerfliege abgelenkt.

Gespannt die ungeduldige Verärgerung des neuen Präsidenten bemerkend und darauf getrimmt, aus

Lappalien *historische Ereignisse* zu machen, erklärt der eifrige Interviewer bedeutungsvoll: »Das ist die hartnäckigste Fliege, die ich je gesehen habe.«

Der Präsident deutet dies als Ruf zu den Waffen und schlägt zu. Die Fliege fällt, er kickt sie dann mit seinem Schuh über den Teppich – ihr Verbrechen war es, die Luft des Weißen Hauses zum Fliegen zu benutzen, anstatt die Plattitüden der US-Regierung schweigsam einzuatmen.

»War das nicht eine Wucht?«, erheischt der Präsident Beifall, bevor er siegreich explodiert: »Ich habe das Vieh gekriegt!«

Worauf der Raum von ehrwürdigem Staunen anschwillt – »Super!« – »Sauber!« –, da man sich in Bewunderung zu übertrumpfen versucht.

»Sie möchten das filmen? Da liegt sie. Da!«, drängelt der Präsident-und zeigt auf sein gefallenes Opfer, während er ein mäkeliges »Igitt!« von sich gibt.

Die Kameras richten sich rasch auf einen zitternden Fleck auf dem Teppich des *East Room*, sodass die ganze Welt teilhaben kann an der Tat des Präsidenten.

Erfreut, sie ausschlachten zu können, spitzt der Präsident seinen Pressesprecher an: »Haben Sie das gesehen, Gibbs?«

Gibbs nickt und geht los, um zu sehen, ob die Tote vorteilhaft präsentiert ist.

In seinem Filmkommentar erwähnt Gibbs *Karate Kid*, der Fliegen mit Essstäbchen fing, wobei Gibbs den Zuschauern von CNBC unterschlägt, dass Kid sie wieder fliegen ließ.

Nachdem Cäsar seinen Daumen über der Fliege gesenkt hat, macht ein Filmchen Furore im jubelnden Medienkolosseum: »Los. Fass, Herr Präsident!«

Das Vernichtungsmoment, das Töten der Fliege, war psychologisch nützlich für Obama. Er entschied sie aus dem Verkehr zu ziehen und so machte er es.

Nachdem Blut geflossen ist im neuen Weißen Haus, dank der Hinrichtung der Fliege, wird der Präsident bald vom kalten Griff des Pentagon gepackt und verfängt sich im weit gespannten Netz der Kriegsspiele, die Amerikas Geschäft sind, wobei Präsidenten lernen müssen, wie sehr sie davon profitieren.

Plötzlich schickt dieser Friedensnobelpreisträger, der behauptet, Gandhi zu bewundern, über 30.000 Soldaten nach Afghanistan, von denen einige auf ihre Opfer urinieren, sich selbst dabei fotografieren und abgetrennte Hände als Trophäen mitbringen.

«Und«, flüstert das Pentagon, »es gibt ein neues Spielzeug, das sie ausprobieren sollten, nämlich das unbemannte Luftfahrzeug oder die Drohne.«

Dieses Roboterinsekt, so prahlt das Pentagon, bedeutet: keine Amerikaner müssen sterben, da ihre Feinde durch Fernsteuerung das Leben verlieren.

Also befiehlt der 44. Präsident der USA am 23. Januar 2009, dass Hunderte von Drohnen über afghanischen Dörfern schweben sollen, wo sie mit ihren künstlichen Facettenaugen auf die Leute unten spähen und sie mit *Hellfire-Raketen* beschießen und verbrennen können. Die thermobaren Waffen der Predator-Drohne, die Aerosolbomben, versprühen einen hoch entzündlichen Nebel, der dann in Brand gerät. Ein Vakuum, durch einen Feuersturm bewirkt, zerreißt die Menschen in den Zielgebäuden. Sie können die inneren Organe von Feldarbeitern in der Nähe zum Zerplatzen bringen.

Auf die erste Präsidentendirektive hin wurden 22 Leben vernichtet, darunter drei Kinder.

In seinem ersten Jahr befahl der Präsident locker 600 Drohnenangriffe, es gab über 90 Tote durch eine einzige Rakete aus einer Drohne über der Provinz Farah – Sie war vom Präsidenten direkt nach seinem Triumph als Fliegentöter abgesegnet worden. Verwackelte Bilder von Paschtunenkindern, die in bunten Dörfern spielen, wurden über 8500 Meilen zur *Creech Air Base* in Nevada übermittelt, woraufhin sie als verdächtige Versammlungen gedeutet werden, der Auslöschung wert, denn sie sind

eine nicht spezifizierte Bedrohung der Rundum-
überlegenheit der USA.

Der 44. Kampfhund des Imperiums redet jetzt Klar-
text: »Wir müssen führend sein beim Aufbau eines
Militärs fürs 21. Jahrhundert. Wir werden die am
stärksten bewaffneten Streitkräfte der Welt haben.«
Dr. Martin Luther King ist zugunsten der *Kernwer-
te* der USA weggefegt worden, insbesondere des
göttlichen Rechts auf globale Ressourcen und einer
Vollmacht zu töten. Dank ihrer *Todes-Chips* oder
Radio-Frequency-IDs (RFIDs), von US-
Spezialkräften ausgeteilt – »Gibt´s Leute, die du
nicht magst? Schlechte Kerle? Leg das neben ihre
Hütten. Hier ist Geld …« –, können Präsident
Obamas Drohnen diese verräterischen Zielfunkfeu-
er triangulieren, sie leiten ihre Peilungen zurück
zum Stützpunkt und lösen die Cybermorde aus.

Ein 19-Jähriger, Habibur Rehmann, bekommt 122
Dollar, um RFIDs auszulegen. Er schleuderte sie in
Häuser. »Für den Erfolgsfall wurden mir Tausende
von Dollars versprochen; also verstreute ich die
Chips überall. Ich wusste, dass deshalb Leute sterben würden. Es war ein leichter Job. Ich brauchte
das Geld.« Die Dorfmitbewohner spürten ihn auf,
stellten ihn vor Gericht und erschossen Habibur.

Nach der ersten Präsidenten-Salve kamen Tausende
Paschtunen zu den Begräbnissen. Auf einem Spruch-

band stand: *Stämme bombardieren: Obamas erstes Geschenk an Pakistan.* Ein Wazir-Fürer, Malik Mohammed fragt: »Warum hat Obama keine Ahnung von Armut? Warum gibt er sein Geld nicht aus, um uns zu helfen, statt uns zu töten?«

Als es in Makeen 80 Tote gab, flehte der pakistanische Premier Yousef Raza Gilani Obama an, aufzuhören, aber CIA-Chef Panetta erwiderte, seine Drohnen seien *wirkungsvoll und alternativlos.* Die *Wall Street* papageite nach: »Drohnen machen die Kriegführung menschlicher.«

Dieser Meinung ist ja inzwischen auch Ursula von der Leyen, die deutsche Bundesverteidigungs-Ministerin, die diese Geräte der Cybermörder – angeblich noch unbewaffnet – nun in Israel einkauft.

Der erste Präsident, der die USA aus mörderischem Denken hätte herausführen können, verwandelt Dr. Kings Pflugscharen unerklärlicherweise in Machtschwerter: Die Krone, die Kings revolutionäres Bewusstsein hütet, wird zum Herrscherdiadem eingeschmolzen, Kings Schlüssel zum Gelobten Land gegen die Drohnen von *Obamageddon* eingetauscht.

»Wenn ich Präsident bin«, hatte Obama geprahlt, »werden wir den Krieg führen, der gewonnen werden muss. Und zwar auf dem richtigen Schlachtfeld«, versprach er, »in Afghanistan und Pakistan.«

Dennoch teilte ein Corporal, Rich Reyes vom Marine Corps, dem Kongress mit: »Fast einhundert Prozent der Mutmaßlichen erwiesen sich als unschuldige Zivilisten.« Nur nebenbei sei erwähnt, dass deren Exekution ohne die technische Hilfe der auf deutschem Boden befindlichen *Ramstein Air Force Base* nicht möglich gewesen wäre. Deutschland und seine Politiker sowie seine Juristen sind also wieder einmal Mit- und Schreibtisch-Täter, so wie einst Adolf Eichmann, der ja auch nicht eigenhändig tötete, sondern die Tötung als Schreibtisch-Täter organisiert. Wenn heute die Killer-Drohnen für Deutschland aus Israel kommen, ist dies ein Beispiel dafür, dass Opfer zu Tätern werden können und dies sogar besonders effizient. Der deutsche Steuerzahler sollte es nicht zulassen, dass das ihm abgenommenen Steuergeld für die Anschaffung dieser hinterhältigen Waffen eingesetzt wird. Angesichts der käuflichen Impotenz der meisten Lobby-Parlamentarier, braucht er das aber erst gar nicht zu versuchen. Er wird vom Autor also a priori schuldfrei gestellt.

Erregte Menschenmengen in Islamabad recken Transparente: *Stoppt die Dracula-Drohnen-Angriffe.* Eine bekümmerte Schlagzeile lautet: *Blutvergießen unter unschuldigen Pakistanis.* Zeugen sagten, deltaförmige Fledermäuse flögen vorbei und terrorisierten die Bevölkerung mit Fangzähnen, die Geschosse ausspien, Fleisch zerfetzten und Leben beendeten.

Im fernen Stützpunkt sitzen Predator-Pilot und *Sensormann* im Raum voller Monitore, von wo aus beide auf eine afghanische Prozession spähen, die sich vom Haus der Braut zum Haus des Bräutigams bewegt, und sie können hören, wie das Hochzeitslied der Paschtunen gesungen wird: *Ahesta boro, Mah-e-man ... Ziehe langsam, mein lieblicher Mond ...* Aber Leute im Dunkeln, mit seltsamen Gerätschaften, befinden laut den Erkennungsmustern ihrer Handbücher: *Höchste Alarmstufe.* Denn obwohl Paschtunen bei Hochzeiten traditionell Salven aus alten Gewehren abfeuern, werden solche Bekundungen von digitalen Schnüfflern in Nevada als Bedrohung eingestuft. Zwei Drohnenlenker nicken sich zu und schießen einen Feuerball ab, um die Hochzeitsgesellschaft zu versenken – und die Lieblingswaffe des Präsidenten brät Paschtunenfleisch in höllisch heißer Flamme. Das Hochzeitslied wird von Explosionen übertönt; die Hochzeitsgäste werden durch Tastendruck getötet.

Die *New York Times* hat enthüllt, dass Präsident Obama persönlich eine *geheime Tötungsliste* mit den Namen und Fotos von Zielpersonen überwacht, die im US-Drohnenkrieg getötet werden sollen. Er soll gesagt haben, er fände es leicht, Leben abzuschreiben.

In *All Falls Down* singt Kanye West: *Die hübschesten Leute tun die hässlichsten Dinge, um reich zu werden.*

Als bekannt wird, dass die Spitzen der Drohnenraketen abgereichertes Uran enthalten, wirkt das strahlende Lächeln des Präsidenten radioaktiv.

Colonel Chris Chambliss vom 432. Luftexpeditionsgeschwader der *Creech Air Base* spielt digitale Aufzeichnungen seiner Predator-Drohnen ab, um das Können seiner Abteilung vorzuführen. Vor Journalisten prahlt er, es gebe *unersättlichen Hunger* nach Fähigkeiten des Systems, und fügt hinzu: »Wir sind die Opfer unseres eigenen Erfolgs.«

Demonstranten plakatierten die Creech Air Base: *Stoppt die Drohnen oder erntet Sturm.* Aber der Präsident hält seine Roboterfliegen für so schlau, dass er sie unmöglich zurückziehen kann, also segnet er den Einsatz von Predators und Reapers ab, wie eine strahlende TV-Hausfrau, die lächelnd für ein brutales Imperium wirbt, indem sie es mit Zauberstaub besprüht.

Ein Journalist schreibt: *Reaper-Luft-Roboter bringt seine erste Fleischernte ein,* und fügt munter hinzu: *Glücklose Dummbeutel von fliegender Mechanik getötet.* Welten entfernt notiert ein Psychiater aus

Miranshah, Dr. Munir Ahmad: *Die Frauen haben solche Angst vor dem Drohnengeräusch, dass sie sogar vom Türenzuschlagen erschreckt hemmungslos weinen.*

Ein afghanisches Kind lernt den *American Way of Life* kennen, indem es von ihm getötet wird oder seine Familie begräbt: Mutter, Vater. Großeltern, Geschwister – Glieder in einer Kette von Leichen vom Weißen Haus zu einem Stützpunkt in der Wüste, wo *Piloten* jene töten, die durch ihr bloßes Lebendigsein *die Demokratie bedrohen.*

Nach weiteren Angriffen des Weißen Hauses berichten afghanische Stammesführer von irrtümlich getöteten Dorfbewohnern und schätzen, dass Obamas Drohnentote sich auf über 1000 im ersten Jahr belaufen – doch der afghanische Botschafter, der Obama sagt, dass er auf jeden Aufständischen 48 Zivilisten tötet, wird entlassen. So können die Maschinisten der *Creech Air Base* ihr Cyber-Morden fortsetzen.

Der 44. Präsident hat Appetit bekommen auf diese Drohnen und Hunderte mehr als sein Vorgänger Bush bestellt. Der Präsident scherzt sogar über sie, indem er droht sie einzusetzen, um die neueste Boygroup von seinen Töchtern fernzuhalten: Bei einem Dinner für die *Vereinigung der Korrespondenten* im Weißen Haus am 1. Mai 2010 verkündet der Präsident aufgeregt: »Die Jonas Brothers sind hier.« Er erklärt, seine Töchter seien große Fans der angesagten Pop-Ikonen. Dann sagt er mit gespieltem Tadel: »Aber, Jungs, nur keine falschen Hoffnungen!« Er warnt die Jonas Brothers: »Ich habe zwei Worte für euch: Predator-Drohnen!« Dann fügt er theatralisch hinzu: »Ihr werdet sie nicht einmal kommen sehen!« Der Scherz ist so zündend, dass der Präsident ihn melkt: »Ihr glaubt, ich mache Witze?« Loyales Gelächter zeigt, dass man gar nicht so genau wissen möchte, wie er das nun meint. Es sei denn, man glaubt, es sei ein Scherz, dass einer von drei Drohnentoten Zivilist ist. Oder man findet es lustig, dass afghanische Kinder sie nicht einmal kommen sehen. Aber es steckt Sadismus darin, wenn ein Präsident sich mit ihrer Fähigkeit zu töten brüstet, während seine Drohnenlenker Unbekannte töten und rufen: »Wanze zerdrückt!« Eine Gesinnung, die Admiral William Fallon, Kopf des US-Oberkommandos, nachäfft: »Diese Kerle sind Ameisen«, pflegt er zu sagen, «im richtigen Moment werden sie zerquetscht.«

Am nächsten Tag befiel Obama einen weiteren Luftangriff gegen Paschtunen in Helmand, mit der Folge eines irrtümlichen Raketenschlags, der vier Kinder in Marja tötet, doch hat an diesem Tag der Tod einer Stabsangehörigen Vorrang, von dem er sagt: »Sie bestand darauf, in einem Obama-T-Shirt beerdigt zu werden.«

Der Präsident tötet eine harmlose Fliege, ist dann im kranken Kreislauf eines boshaften Narzissmus gefangen, und seine eigene Psyche zappelt im Netz einer riesigen bewaffneten Tarantel: seinem Imperium mit tausend Stützpunkten weltweit, von denen jeder ihn bedrängt, ihm Kugeln und Bomben zu liefern.

Im November 2008 zeigten pakistanische Kinder vor dem *Peshawar Press Club* ihre Ersparnisse zum Opferfest *Eid-al-Adha*: 261,- Dollar, die sie Obama schickten. Sie sagten, sie seien für Obamas Wahlkampagne und flehten ihn an, keine Raketen auf ihr Land regnen zu lassen. Sie wurden ignoriert. Ignoriert von einem Kandidaten, der ungeniert erklärte: »Ein Licht wird von irgendwo herabscheinen. Sein Schein wird auf dich fallen. Du wirst eine Epiphanie erleben. Du wirst dir sagen, ich muss für Barack stimmen. Ich muss es tun.« Präsidenten baden im Scheinwerferlicht, von dem sie kurzen faustischen Glanz erlangen, bevor sie als Kriegsverbrecher enden, deren Haftbefehle noch auszustellen sind.

Amerikas letzter schwarzer Anführer dagegen, Toussaint Louverture, besiegte drei Herrschaften und schaffte die Sklaverei in Haiti ab – während zwei

Jahrhunderte später der US-Präsident mit seiner honigsüßen Stimme Herr der Drohnen ist, technologischer Herr der Fliegen.

Im August 2009 luden fünf Bauern in Zhari Gurken auf, für Kandahar bestimmt. Obamas Videopiloten hielten sie für Aufständische, die Sprengstoff in einen Lieferwagen luden. So wurden DNA-Spuren eines Volkes, das Alexander der Große kannte, eingeäschert durch Fertigkeiten, die in Teenagerbuden erworben und durch das Aufmerksamkeitsdefizit scharfgemacht wurden.

Was für eine Zivilisation ist das, die nicht mehr persönlich tötet, sondern Maschinen töten lässt? Das ist der Einstieg in eine Nekropolitik, die ergänzt um eine ebenfalls von Algorithmen gesteuerte Biopolitik zu einer Diktatur der Systeme führen wird. Die überflüssigen Menschen lässt man dann wie einst die Indianer in Reservaten aussterben, umweltgerecht recycelt.

Himmler benötigte dazu in Auschwitz noch Krematorien. Heute wird mit Ausgrenzung und Drohnen gearbeitet.

Ökonomie und Ideologie und Religionen entscheiden auf den Achsen der Rationalisierung, Sexualisierung und Rassisierung mithilfe der Medien, was lebenswert ist und was nicht.

Schon wird über Sex mit Robotern nachgedacht.[8]

Die Sache kann kaum gut ausgehen, auch wenn es gelänge, den Maschinen Teile einer gewissen Ethik einzubauen, bevor wir oder die Systeme den Verstand verlieren. Oder wenn es gelänge Dummheit, Verblendung, Irrtum, Größenwahn und Gier auszuschalten, Eigenschaften, die fraglos immer wieder bei Menschen, Gruppen und Systemen auftreten.

Es könnte sein, dass wir in den nächsten Jahren erkennen, dass wir die Kontrolle über globale Krisen wie die Migration und die Klimafolgen verlieren oder verloren haben. Das scheint ja schon in diesen Tagen der Fall zu sein, wo die Menschenrechte und die Diplomatie nur noch virtuelle aber keine realen Größen mehr sind und Politik alternativlos oder gar nicht mehr stattfindet. Dann könnte ein politischer Algorithmus hilfreich sein, der menschliche Schwächen vermeidet:

Wir Menschen sind das erste Tier, das um seine Sterblichkeit weiß. Unsere monotheistischen patriarchalischen Religionen leiden aufgrund ihrer Verleugnung der Sterblichkeit an einem systemimmanenten Konstruktionsfehler, der immer wieder zu Ausrottungs-Feldzügen führt. Siehe beispielsweise der Kampf von Sunniten gegen Schiiten und umgekehrt oder die Feldzüge gegen den Islam oder des radikalen Islam gegen die Ungläubigen. Es könnte daher von Vorteil sein, über Systeme der Intelligenz zu verfügen, die keine Angst vor dem Tode, vor Macht- oder Vermögens-Verlust haben und nicht unter kognitiven Verzerrungen leiden. Verbunden mit einer einsichtigen und effizienten Exekutiv-Funktion hätte dieses System einen gewissen Charme.

Lokale Hirnprothesen gibt es ja schon. Seit Jahrtausenden bauen wir solche: Stöcke, Blindenhunde, Beinprothesen, Fahrstühle, Rollstühle, Autos, Roboter, Kampfroboter ... Doch wahrscheinlich werden wir dem Wettrüsten der Geheim-Dienste und Rüstungskonzern erliegen, die bestimmen dann die Ethik nach dem Nutzen.

Das tun sie ja jetzt schon: Nehmen Sie den NSA-Skandal: die Amerikaner haben uns und unsere Regierung längst unterworfen. Fast jeder Rechner auf der Welt ist ein offenes Scheunentor. Jeder kann erpresst, manipuliert und kontaminiert werden. Die Bundeskanzlerin meint, dass sich das nicht gehört, aber sie und ihre Minister lassen es geschehen, wahrscheinlich weil sie erpresst werden oder es im Sinne des Machterhaltes für richtig halten. Der Deutsche Richterbund erkennt darin kein Unrecht. Verfassungsrichter, die dagegen aufbegehren, werden vom Finanzminister (!) persönlich gemaßregelt. Plötzlich sollen sie sich dann an die gebotene richterliche Zurückhaltung erinnern, d. h. der Politik dienen und nicht dem Recht.

Und so dreht sich die Spirale des Schlimmeren immer weiter: Anstatt Leben Form gewordene kosmische Energie sein zu lassen, entwickeln wir neue Formen der industrialisierten und privatisierten Kriegführung. Unter Verlust des staatlichen Gewaltmonopols werden Kampfroboter und Drohnen eingesetzt, die es zwar erlauben, Krieg vom Wohnzimmer aus zu führen und die Opfer zu vergessen, gleichwohl die Konflikte nicht lokalisieren, sondern nur globalisieren.

Dennoch erreicht uns täglich mehr Elend: Immer mehr Ausgegrenzte und zukunftslos Verzweifelte machen sich auf den Weg, um in Zeiten des globalisierten und desavouierten Kapitalismus, der überall die Soziale Marktwirtschaft zerstört hat, in Lagern zu landen, deren Container Monumente der posthumanen Inhumanität sind. Zukunftslosigkeit, Hoffnungslosigkeit und Analphabetismus stehen der digital vernetzten Pan-Menschheit gegenüber, die das eigene Leben vergötzt und sich täglich mehr vernetzt, das fremde Leben durch ebenso digitalisierte Drohnen und Nekropolitik ausgrenzt und zerstört. Adipositas und Bulimie neben klimatisch nicht beherrschbaren Hunger und Migrations-Katastrophen. Statt kluger Wassernutzung und

Wasser-Politik findet eine Vergiftung des Wassers statt.

Es sieht so aus, als produziere der sogenannte *technische Fortschritt* nur noch eine erhöhte Vulnerabilität, Computer- und andere Viren.

Verfolgt von alten und neuen Epidemien, neuen und alten Kriegen müssen wir die Gegenwart zukunftsfähig gestalten und nicht nur verwalten. In Zeiten der Zunahme homizider Akte und des automatisierten Tötens benötigen wir eine planetare Philosophie, gerichtet auf alles Lebendige unter Einbeziehung der Biologie, Medizin, Physik, und Klimatologie, eine Biopolitik, aber keine Thanatopolitik.

Das muss rasch geschehen, sonst diktiert bald ein nekrophiler, digitalisierter Faschismus die politische Agenda.

Vogelgöttin, Nördliches Moldawien, 5000 vor Chr.

Literatur:

[1] Diez, Georg, *Kampf der Zeiten*, Spiegel online, 14.02.2016

[2] Fellmann, Ferdinand, *Das Paar, Eine erotische Rechtfertigung des Menschen*

[3] Morris, Desmond, *Der nackte Affe*, Droemer Knaur

[4] Williams Florence, *Der Busen, Meisterwerk der Evolution*, Diederichs

[5] Kübler, Ulrich, *Die Finanzmärkte und die Zerstörung des Geldes*, Tredition

[6] Braidotti, Rosi, Posthumanismus, *Leben jenseits des Menschen*, Campus

[7] Baudrillard, *Die fatalen Strategien*, Matthes & Seitz

[8] Walker, Martin, *Germany 2004*, Diogenes

Sassen, Saskia, *Ausgrenzungen, Brutalität und Komplexität in der globalen Wirtschaft*, S. Fischer Wissenschaft

Morris, Ian, *Krieg, Wozu er gut ist*, Campus

Haarmann, Harald, *Die Indoeuropäer*, C. H. Beck

Haarmann, Harald, *Das Rätsel der Donauzivilisation*, Becksche Reihe

Coler, Ricardo, *Das Paradies ist weiblich*, Kiepenheuer

Miller, Geoffry F., *Die sexuelle Evolution*, Spektrum

Boutayeb, Rachid, *Orgasmus und Gewalt*, Alibri

Williams Heathcote, Der Herr der Drohnen, Lettre, Herbst 2012

FSC
www.fsc.org
MIX
Papier | Fördert
gute Waldnutzung
FSC® C083411

Zeitfracht Medien GmbH
Ferdinand-Jühlke-Straße 7
99095 Erfurt, Deutschland
produktsicherheit@kolibri360.de